上海市工程建设规范

公共租赁住房运行管理标准

Standard for public rental housing operation management

DG/TJ 08—2368—2022
J 16526—2022

主编单位：上海市房地产科学研究院
批准部门：上海市住房和城乡建设管理委员会
施行日期：2022 年 12 月 1 日

同济大学出版社

2023　上海

图书在版编目(CIP)数据

公共租赁住房运行管理标准 / 上海市房地产科学研究院主编. —上海：同济大学出版社，2023.3
ISBN 978-7-5765-0802-4

Ⅰ.①公… Ⅱ.①上… Ⅲ.①租房－社会保障－管理－标准－中国 Ⅳ.①D632.1-65 ②F299.2-65

中国国家版本馆 CIP 数据核字(2023)第 042108 号

公共租赁住房运行管理标准
上海市房地产科学研究院　主编

责任编辑	朱　勇	
助理编辑	王映晓	
责任校对	徐春莲	
封面设计	陈益平	

出版发行　同济大学出版社　　www.tongjipress.com.cn
　　　　　(地址：上海市四平路 1239 号　邮编：200092　电话：021-65985622)

经　　销	全国各地新华书店	
印　　刷	浦江求真印务有限公司	
开　　本	889mm×1194mm　1/32	
印　　张	2	
字　　数	54 000	
版　　次	2023 年 3 月第 1 版	
印　　次	2023 年 3 月第 1 次印刷	
书　　号	ISBN 978-7-5765-0802-4	
定　　价	20.00 元	

本书若有印装质量问题，请向本社发行部调换　　版权所有　侵权必究

上海市住房和城乡建设管理委员会文件

沪建标定〔2022〕366号

上海市住房和城乡建设管理委员会关于批准《公共租赁住房运行管理标准》为上海市工程建设规范的通知

各有关单位：

由上海市房地产科学研究院主编的《公共租赁住房运行管理标准》，经我委审核，现批准为上海市工程建设规范，统一编号为DG/TJ 08—2368—2022，自2022年12月1日起实施。

本标准由上海市住房和城乡建设管理委员会负责管理，上海市房地产科学研究院负责解释。

上海市住房和城乡建设管理委员会
2022年8月8日

前　言

根据上海市住房和城乡建设管理委员会《2019年上海市工程建设规范、建筑标准设计编制计划》(沪建标定〔2018〕753号)的要求,标准编制组经广泛调查研究,认真总结实践经验,参考有关国际标准和国内先进标准,并在广泛征求意见的基础上,编制了本标准。

本标准的主要内容有:总则;术语;基本规定;申请和审核程序;配租;合同与租金管理;运行与维护;退出;诚信机制;档案管理。

各单位及相关人员在执行本标准的过程中,如有意见和建议,请反馈至上海市房屋管理局(地址:上海市世博村路300号;邮编:200125)、上海市房地产科学研究院(地址:上海市复兴西路193号;邮编:200031;E-mail:shfkkygl@163.com),上海市建筑建材业市场管理总站(地址:上海市小木桥路683号;邮编:200032;E-mail:shgcbz@163.com),以供今后修订时参考。

主 编 单 位:上海市房地产科学研究院
参 编 单 位:上海地产住房发展有限公司
上海市公积金管理中心
上海北虹桥建设发展有限公司
上海市嘉定区公共租赁住房运营管理有限公司
上海市杨浦区公共租赁住房运营管理有限公司
上海临港产业区公共租赁房建设运营管理有限公司
上海市闵行区公共租赁住房投资运营有限公司
上海建工四建集团有限公司
上海房屋工程建设技术发展有限公司

主要起草人： 赵为民　古小英　朱震宇　严　荣　张　超
　　　　　　钱昭羽　张　蕊　杨　霞　杨　靖　张　铭
　　　　　　王晓明　曹　越　王　晖　袁　芬　郑博宇
　　　　　　曹佳雯　赵　刚　朱玉龙　任前军　彭永勤
　　　　　　陆　怡　王晟峰　龚佩红　张霁川　赵黎新
主要审查人： 陈仕中　浦建华　张　冰　张德明　陈　宁
　　　　　　王美华　彭　晖

　　　　　　　　　　　　上海市建筑建材业市场管理总站

目　次

1 总　则 ··· 1
2 术　语 ··· 2
3 基本规定 ··· 3
4 申请和审核程序 ··· 4
　4.1 一般规定 ··· 4
　4.2 准入条件 ··· 4
　4.3 申　请 ··· 4
　4.4 受　理 ··· 6
　4.5 审　核 ··· 7
　4.6 公　示 ··· 7
5 配　租 ··· 9
　5.1 一般规定 ··· 9
　5.2 配租标准 ··· 9
　5.3 配租方案 ··· 10
　5.4 配租方式 ··· 10
6 合同与租金管理 ··· 12
　6.1 一般规定 ··· 12
　6.2 合同管理 ··· 12
　6.3 租赁规约 ··· 13
　6.4 租金管理 ··· 14
7 运行与维护 ··· 15
　7.1 一般规定 ··· 15
　7.2 运营管理 ··· 16

7.3　公用部位和公共设施设备的物业管理 …………… 17
　　7.4　房间设施设备的管理 ……………………………… 18
　　7.5　智能化管理与服务 ………………………………… 19
8　退　　出 …………………………………………………… 22
　　8.1　一般规定 …………………………………………… 22
　　8.2　主动退出 …………………………………………… 22
　　8.3　被动退出 …………………………………………… 23
9　诚信机制 …………………………………………………… 25
　　9.1　一般规定 …………………………………………… 25
　　9.2　履约担保 …………………………………………… 25
　　9.3　不良信用管理 ……………………………………… 26
10　档案管理 ………………………………………………… 28
　　10.1　一般规定 ………………………………………… 28
　　10.2　归档管理 ………………………………………… 28
本标准用词说明 ……………………………………………… 30
引用标准名录 ………………………………………………… 31
　　条文说明 ………………………………………………… 33

Contents

1 General provisions ·· 1
2 Terms ·· 2
3 Basic requirements ··· 3
4 Application and examination procedure ························ 4
   4.1 General requirements ··· 4
   4.2 Entry conditions ··· 4
   4.3 Application ··· 4
   4.4 Acceptance ··· 6
   4.5 Examination ··· 7
   4.6 Publicity ··· 7
5 Rent ·· 9
   5.1 General requirements ··· 9
   5.2 Renting standards ·· 9
   5.3 Renting scheme ·· 10
   5.4 Renting mode ··· 10
6 Contract and rent management ··································· 12
   6.1 General requirements ··· 12
   6.2 Contract management ·· 12
   6.3 Lease stipulation ·· 13
   6.4 Rent management ·· 14
7 Operation and maintenance ······································· 15
   7.1 General requirements ··· 15
   7.2 Operation management ······································ 16

7.3	Property management of public areas and public facilities	17
7.4	Apartment facilities management	18
7.5	Intelligent management and service	19

8 Exit ·· 22
    8.1 General requirements ································ 22
    8.2 Initiative exit ·· 22
    8.3 Passive exit ·· 23
9 Credit mechanism ·· 25
    9.1 General requirements ································ 25
    9.2 Performance guarantee ······························ 25
    9.3 Bad credit management ······························ 26
10 Archives management ·· 28
    10.1 General requirements ······························ 28
    10.2 Archives scope ·· 28
Explanation of wording in this standard ···················· 30
List of quoted standards ·· 31
Explanation of provisions ·· 33

1 总　则

1.0.1 为规范本市公共租赁住房的运行管理工作，提高公共租赁住房的使用效率和管理水平，实现公共租赁住房可持续运行管理，制定本标准。

1.0.2 本标准适用于政府认定且房源成规模、面向社会特定人群出租的公共租赁住房项目的运行管理。

1.0.3 公共租赁住房运行管理除应符合本标准外，尚应符合国家、行业和本市现行有关标准的规定。

2 术　语

2.0.1 公共租赁住房　public rental housing
　　政府提供政策支持，由专业机构采用市场机制运营，根据基本居住要求限定住房面积和条件，按略低于市场水平的租赁价格，向规定对象有期限出租的保障性租赁住房。

2.0.2 准入条件　entry conditions
　　公共租赁住房申请人为获得承租权需满足的条件。

2.0.3 配租　rent
　　政府向公共租赁住房保障对象提供住房供其居住，并按政府指导的公共租赁住房租金标准收取租金的行为。

2.0.4 居住使用人　inhabited user
　　单位集体承租公共租赁住房时，实际使用该房屋的单位职工。

2.0.5 租赁规约　lease stipulation
　　公共租赁住房所有权人或其委托的运营机构对承租人制定的租赁规则约定，是明确告知租赁建筑物周围区域或者租赁居室周边区域的所有权，以及承租人租赁建筑区划内的使用权利、义务及责任约定的法律文件。

2.0.6 公用部位　public area
　　物业管理区域内，由承租人共同使用的建筑物及附属构筑物。

2.0.7 公共设施设备　public facilities
　　物业管理区域内，由承租人共同使用的设施设备及相关场地。

2.0.8 档案管理　archives management
　　公共租赁住房档案的收集、整理、归档、保管和利用的活动。

3 基本规定

3.0.1 公共租赁住房运行管理应由房屋所有权人或其委托的运营机构负责实施。

3.0.2 公共租赁住房运行管理应包括申请和审核程序、配租、合同与租金管理、运行与维护、退出、诚信机制、档案管理等阶段。

3.0.3 公共租赁住房运行管理应遵循下列原则：

  1 公共租赁住房运行管理过程应秉承公开、公平、公正、诚实守信原则。

  2 公共租赁住房应采取安全、绿色、节能、环保的运行维护措施。

3.0.4 公共租赁住房运行管理应加强智能化系统建设，建立信息管理平台，并与大数据中心信息平台互联互通，推进公共租赁住房申请受理"一网通办"。

3.0.5 公共租赁住房运行管理宜建立健全动态监管制度和运行管理服务评价体系，对公共租赁住房日常运行及承租人信息实行有效监督管理。

3.0.6 公共租赁住房运行管理应畅通投诉监督渠道，接受社会监督。

4 申请和审核程序

4.1 一般规定

4.1.1 承租公共租赁住房应按申请、受理、审核和公示的程序进行。

4.1.2 公共租赁住房申请规则应向社会公开,申请规则包括准入条件、申请材料、受理地点及申请期限等内容。

4.1.3 公共租赁住房申请、受理、审核环节的流程应明确,受理和审核岗位不应由同一人承担。

4.2 准入条件

4.2.1 公共租赁住房准入条件应根据各区住房情况、人口流动、政策导向等情况设定,并定期根据设定变化对准入条件作相应调整。

4.2.2 公共租赁住房准入条件应针对不同申请群体进行区分,可根据分类申请、集中申请机制设立不同准入渠道。

4.2.3 公共租赁住房分类申请准入条件应根据政策导向、申请对象、区域规划等情况有针对性地设置。

4.2.4 公共租赁住房集中申请准入条件应根据住房状况、社会保险缴纳等情况公平设置。

4.3 申 请

4.3.1 公共租赁住房的申请主体可包括单身申请人、家庭申请人和单位申请人。单身申请人应具备完全民事行为能力。家庭申请应选一名具有完全民事行为能力的成年家庭成员为主申请人，家庭其他成员为共同申请人。单位申请应由法定代表人或非法人组织负责人授权的委托人代理申请。

4.3.2 公共租赁住房申请主体应在规定的申请期限内，向公共租赁住房行政主管部门提交齐全、规范的准入资格申请材料，并对申请材料的关联性、真实性和合法性负责。

4.3.3 公共租赁住房申请主体可通过线下窗口或线上"一网通办"平台等提交申请材料。

4.3.4 公共租赁住房单身申请人提交的申请材料应包括下列内容：

  1 公共租赁住房准入资格申请表。
  2 身份证明材料。
  3 户籍证明或居住证材料。
  4 住房状况相关证明材料。
  5 社会保险缴纳证明。
  6 劳动或工作合同。
  7 其他特殊情况材料。

4.3.5 公共租赁住房家庭申请人提交的申请材料应包括下列内容：

  1 公共租赁住房准入资格申请表。
  2 家庭主申请人和共同申请人身份证明材料。
  3 家庭主申请人和共同申请人户籍证明或居住证材料。
  4 家庭主申请人劳动或工作合同。
  5 家庭主申请人社会保险缴纳证明。
  6 家庭住房状况相关证明材料。
  7 婚姻状况材料。
  8 其他特殊情况材料。

4.3.6 公共租赁住房单位申请人提交的申请材料应包括下列内容：

  1 公共租赁住房准入资格申请表。
  2 单位承诺书。

3 统一社会信用代码证书。

4 法定代表人或非法人组织负责人的身份证明、委托书和代理人身份证明材料。

4.3.7 公共租赁住房申请人委托他人代为申请时，应采取书面委托的方式。提交书面申请材料时，应提供本人以及委托人身份证原件。

4.3.8 申请材料能够通过信息化手段调取的，或者能够通过数据互认共享手段获取的，可免于重复提交。

4.3.9 公共租赁住房申请主体通过线下窗口需要确认的申请材料，应采用下列方式确认：

1 自然人应采用签名或留指纹的方式，签名应与提交的身份证明材料上的姓名一致。

2 单位申请人应根据单位性质确认申请材料，法人单位应加盖法定代表人印章和单位印章，非法人组织应加盖负责人和组织印章。

4.4 受 理

4.4.1 公共租赁住房的受理工作应包括下列主要内容：

1 查验申请主体。

2 查验申请材料。

3 核对申请准入内容。

4 录入相关信息。

5 签署受理意见。

4.4.2 查验申请主体应符合下列规定：

1 申请主体为单身申请人、家庭主申请人的，申请材料上的姓名应与身份证明材料上的姓名一致，并宜通过身份证读卡器、大数据中心信息平台身份认证等方式查验境内居民身份证真伪，采集相关信息。

  2 申请主体为单位申请人的,申请材料上的名称应与统一社会信用代码证书上的名称一致。

4.4.3 查验申请材料应符合下列规定：

  1 申请材料应齐全、完整。

  2 有关部门出具的证明材料应在规定的有效期内,且出具内容符合依法职权范围。

4.4.4 核对申请准入项目应符合下列规定：

  1 申请材料上的内容应与公共租赁住房准入资格要求相符。

  2 申请材料关联的内容不应矛盾。

4.4.5 对准予受理的,应出具受理凭证并告知申请人。对不予受理的,应告知申请人需补正的内容或不予受理的理由,并应将申请材料退还申请人。

4.5 审 核

4.5.1 审核工作应审核申请材料的关联性、真实性与合法性。

4.5.2 公共租赁住房申请人身份信息、住房状况、社会保险缴纳情况、劳动或工作合同、婚姻状况等信息应与申请材料一致。

4.5.3 审核部门宜通过电子证照核验、政府部门间数据共享等方式,审核公共租赁住房准入申请,并应在规定时间内出具审核意见。

4.6 公 示

4.6.1 对审核通过的申请人应出具登记证明,并应在规定期限内予以公示。

4.6.2 单位或个人对公示内容持有异议的,应在公示期内以书面、实名的形式向公共租赁住房行政主管部门提出异议,并应提供必要的证明材料。

4.6.3 公共租赁住房行政主管部门应会同有关单位、人员对公示异议内容进行复核，并应在规定期限内进行回复。

4.6.4 经公示无异议或异议不成立的申请人，登记为公共租赁住房轮候对象，并应向社会公开。

4.6.5 对公示未通过的申请人，应书面通知并说明理由。

5 配租

5.1 一般规定

5.1.1 公共租赁住房的年度配租计划、配租标准、配租方案和配租方式均应向社会公开,并接受社会监督。

5.1.2 根据公共租赁住房房源筹集情况、申请和轮候人数、分布区域和政策导向等,每年应制订公共租赁住房配租计划。

5.1.3 公共租赁住房配租应采用集中配租和常态配租方式进行。批量供应房源宜实行集中配租,零星空置房源宜实行常态配租。

5.1.4 公共租赁住房行政主管部门应建立配租房源租赁状态清单管理和动态监管机制,提高公共租赁住房的使用效率。

5.2 配租标准

5.2.1 单身申请人、家庭申请人只能承租1套(间)公共租赁住房;单位申请人根据保障对象数量可承租多套公共租赁住房,但其保障对象只能同时租住1套(间)公共租赁住房。

5.2.2 单身申请人、家庭申请人应按下列要求配租:
  1 公共租赁住房的户型或建筑面积应依据申请人和共同申请人数量之和进行配租。
  2 申请合租的单身申请人,应按一居室1人的标准配租。

5.2.3 单位申请人可按下列要求配租:
  1 单位申请人承租的公共租赁住房可参照单身申请人、家庭申请人的房型配租标准执行。

2 单位申请人承租的成套公共租赁住房可按照规定拆套合租,人均使用面积不宜低于 5 m²,且每个房间居住人数不宜超过 2 人。

　　3 单位申请人承租的宿舍型公共租赁住房,可按照规定安排一室多人居住,但人均居住面积不宜低于 4 m²。

5.3　配租方案

5.3.1　公共租赁住房房源确定后,应制定配租方案。

5.3.2　公共租赁住房配租方案应包括下列主要内容:
　　1 位置、套数、户型、面积等房源信息。
　　2 租金标准和租赁期限。
　　3 供应对象范围。
　　4 意向登记时限、地点及方式。
　　5 配租时间、方式及程序。

5.4　配租方式

5.4.1　公共租赁住房配租方式可包括面向申请人的公开配租和面向单位的定向配租两种形式。

5.4.2　公共租赁住房的配租可按下列步骤进行:
　　1 制定并公布配租方案。
　　2 公共租赁住房轮候对象意向登记。
　　3 对意向登记对象进行资格复审。
　　4 对复审合格的意向登记对象,确定配租对象与配租排序。
　　5 配租对象与配租排序公示。
　　6 选房。
　　7 签订租赁合同。
　　8 剩余房源递补配租。

5.4.3 公共租赁住房配租可采用随机摇号、按轮候顺序、综合评分等方式确定配租对象与配租排序。

5.4.4 公共租赁住房配租选房前，公共租赁住房所有权人或其委托的运营机构应在规定时间内为意向登记对象提供现场或网上看房条件，或公布配租房源户型图等信息。

5.4.5 公共租赁住房应通过随机摇号等方式进行配租，其结果应向社会公开。

5.4.6 参加配租选房的意向登记对象应符合下列要求：

    1 单位申请人应由单位委托1名代表统一选房。

    2 单身申请人、家庭申请人原则上由本人或主申请人进行选房，非本人或主申请人到现场选房时，应提供书面委托书、本人和委托人身份证原件后方可代替选房。

5.4.7 公共租赁住房可根据实际情况面向需求量大、有集中居住需求的单位定向配租。

5.4.8 配租过程中，意向登记对象未在规定时间内选房或签订租赁合同时，视同自动放弃本次配租资格，剩余房源应由其他意向登记对象依次递补。

5.4.9 实行常态配租的，配租单位可按轮候顺序、随机摇号等方式实施配租，配租结果应进行公示，并向社会公布。

5.4.10 轮候期间，轮候对象的人口、住房、就业、户籍、婚姻及联系方式等情况发生变化的，应及时主动地向公共租赁住房行政主管部门申报，否则将取消轮候资格。

6 合同与租金管理

6.1 一般规定

6.1.1 公共租赁住房租赁合同应制定诚信约束条款，对于承租人或居住使用人违反合同约定的行为宜记入个人或单位诚信记录。

6.1.2 公共租赁住房所有权人或其委托的运营机构应制定公共租赁住房租赁规约，明确公共租赁住房的管理要求。

6.2 合同管理

6.2.1 公共租赁住房所有权人或其委托的运营机构应与承租人签订书面租赁合同；单位集体承租的，应与单位签订租赁合同，并与居住使用人签订居住使用协议作为租赁合同附件。

6.2.2 公共租赁住房租赁合同应包括下列内容：

  1 合同当事人及居住使用人的名称或姓名、身份证件号码。

  2 房屋的位置、用途、面积、结构、户型、房间使用的室内外设施和设备，以及使用要求。

  3 租赁期限、交付日期、租金数额和支付方式。

  4 房屋使用要求、维修责任和损坏赔偿责任。

  5 保证金、物业服务、水、电、燃气、供热等相关费用的缴纳责任。

  6 续租要求及条件。

  7 解除合同的情形。

  8 违约责任及争议解决办法。

  9 其他事项。

6.2.3 公共租赁住房的单次租赁期限不宜低于2年，期满后可申请续租，租赁总年限累计不宜超过6年。

6.2.4 租赁合同期满后承租人需要续租的，应在合同期限届满前的规定时间内提出申请，经资格审核符合条件的，应重新签订租赁合同。

6.2.5 除承租人原因造成公共租赁住房存在安全隐患情况之外，由于公共租赁住房存在安全隐患而无法向承租人提供原住房的，公共租赁住房所有权人或其委托的运营机构应向承租人调整其他同类型房源作为临时过渡房。

6.2.6 承租人在租赁期内有调换房源需求时，可向公共租赁住房所有权人或其委托的运营机构提出申请。调换房源应符合下列要求：

　　1 调换房源前，承租人应结清所有费用。
　　2 调换的房源类型应基本符合承租人调换后的配租标准。
　　3 应根据承租人租赁时长等因素，选择延续或重新签订租赁合同。

6.3 租赁规约

6.3.1 公共租赁住房所有权人或其委托的运营机构在承租人或居住使用人入住前，应与其签订公共租赁住房租赁规约。

6.3.2 公共租赁住房租赁规约应包括下列主要内容：

　　1 承租人的权利、义务和责任。
　　2 公共租赁住房的使用、管理和维护要求。
　　3 消防管理及公共秩序管理规定。
　　4 车辆管理规定。
　　5 宠物管理规定。
　　6 公共环境管理规定。
　　7 安全管理规定。

    8 装饰装修管理规定。
    9 其他需住户遵守的物业管理规定。
    10 违约责任。

6.4 租金管理

6.4.1 公共租赁住房租金制定应参考同区域市场租金水平,根据各区域实际情况,按有关规定比例下浮。

6.4.2 公共租赁住房的租金标准应通过评估进行动态调整,并及时向社会公布。

6.4.3 承租人应按租赁合同约定的支付方式按时缴纳租金,在租赁期间发生的水、电、燃气、供热等费用应由承租人承担。

6.4.4 承租人应按租赁合同约定支付保证金,用以抵充租赁期间由承租人承担但未按约定缴纳的费用。保证金剩余款项应在合同期满且房屋返还后退还承租人。

6.4.5 承租人逾期未缴纳租金的,公共租赁住房所有权人或其委托的运营机构应根据逾期时间采取下列措施：

    1 要求补缴租金并按约定比例收取违约金。
    2 解除合同,令其退出公共租赁住房。
    3 将违约信息报送至公共租赁住房行政主管部门。
    4 通过司法途径追缴租金及违约金,并收回其公共租赁住房。

7 运行与维护

7.1 一般规定

7.1.1 公共租赁住房所有权人或其委托的运营机构应安排房屋租赁管理人员为承租人提供租赁管理服务、监督物业管理工作。具体职责应包括下列主要内容：
  1 办理入住、退租手续。
  2 建立租赁档案。
  3 签订、变更、续租或终止租赁合同。
  4 收缴租金。
  5 管理合同履约情况。
  6 维修、养护房屋及设施设备。

7.1.2 公共租赁住房所有权人或其委托的运营机构应公示单位证书或复印件、项目负责人及主要服务人员照片、租金收缴标准及相关文件等信息。

7.1.3 公共租赁住房所有权人或其委托的运营机构应针对物业服务企业建立物业管理奖惩制度。

7.1.4 物业服务企业应在物业管理工作开始前，对建筑物及其附属设施设备进行承接查验，并应制定承接查验流程。

7.1.5 物业服务企业应建立涵盖承接查验文档、运行操作和维护记录等的管理档案，并应制定档案管理制度。

7.1.6 公共租赁住房所有权人或其委托的运营机构及物业服务企业应明确责任制度，确立岗位职责、值班制度、交接班制度、报告记录制度和物业管理应急预案等。

7.1.7 物业服务企业应根据现行行业标准《绿色建筑运行维护

技术规范》JGJ/T 391的相关规定,制定并实施建筑绿色运行管理制度。

7.1.8 涉及住户正常生活的重要物业服务事项,应在主要出入口、各楼单元门内张贴通知,履行告知义务。

7.1.9 根据公共租赁住房的规模与特点,在住宅内及公共区域应设置公共安全防范系统。

7.1.10 公共租赁住房所有权人或其委托的运营机构以及物业服务企业应保证住户个人信息的安全。

7.1.11 成套公共租赁住房拆套合租或作为宿舍使用时,宜根据入住人数对公共设施设备、房间设施设备等进行更新改造。

7.2 运营管理

7.2.1 公共租赁住房运营管理应制定运营管理方案和租赁管理服务规范。

7.2.2 新住户办理入住手续时,应发放使用说明书。使用说明书应包括下列主要内容:

1 服务机构与配套设施介绍。
2 公共交通指引。
3 物业服务指引。
4 物业管理规约。
5 安全防范须知。
6 住户入住、退出流程。
7 绿色建筑相关技术措施说明。
8 设施设备运行维护规定。
9 生活垃圾定时定点分类投放的相关规定。
10 房屋使用禁止行为等。

7.2.3 公共租赁住房所有权人或其委托的运营机构应建立公共租赁住房信息管理平台,记录配租家庭成员组成、身份证件号码、家庭主要成员联系方式、紧急联系人、配租房号、银行账号及租金缴纳记录等信息,并及时更新相关信息。

7.2.4 公共租赁住房所有权人或其委托的运营机构应设立并公布违规、违约举报渠道,并做好违规、违约使用房屋举报信息汇总登记、调查和处理工作。

7.2.5 公共租赁住房运营管理应建立承租人意见征询机制,定期组织召开由各楼栋或单元承租人代表参加的联席会,每年组织承租人填写满意度调查问卷,征询各项服务改进意见和建议。

7.2.6 根据公共租赁住房社区住户的需求,应按便民、利民的原则提供便利服务。

7.2.7 应制定并宣传社区居民绿色低碳生活方式培训制度。

7.2.8 公共租赁住房出入管理宜采用智能门禁、门锁,并采取相关措施保证采集信息的安全性。

7.2.9 公共租赁住房交付使用时,室内空气质量应符合现行相关标准的要求。

7.3 公用部位和公共设施设备的物业管理

7.3.1 应建立公用部位清洁卫生制度,明确地面、门厅、楼梯扶手、栏杆、电梯轿厢等区域的保洁时间及要求。

7.3.2 应制定建筑部品部件及附属构筑物日常运行维护制度,并明确责任人。

7.3.3 建筑屋面、外墙饰面、门窗、外遮阳、空调架等应派专人定期检查并记录检查情况。

7.3.4 公用部位检查中发现问题时,应及时查明原因,明确责任,编制修缮计划,并按计划组织实施。

7.3.5 公共设施设备运行应制定操作规程,明确责任人员职责,合理配置运行管理人员。

7.3.6 公共设施设备运行管理人员应具备相关专业知识,经培训取得上岗证后方可上岗。

7.3.7 公共设施设备运行过程中,应优先采用安全、健康、绿色的运行技术。

7.3.8 应根据公共设施设备运行状况和使用年限制定维护保养工作计划,设施设备应正常运行。

7.3.9 应委托具有相应资质的单位进行电梯日常维护保养及检查;当发现异常情况时,应及时处理。

7.3.10 应对共用消防设施进行维护管理,并应提供消防安全防范服务。

7.3.11 雷电、强降雨、大风、沙尘暴等极端天气前后,应对相关公共设施设备进行检查,并应落实防范措施。

7.3.12 应制定垃圾分类管理制度,对垃圾处理应进行有效控制。

7.3.13 应按因地制宜、便民实用、合理规范、安全保障的原则,科学配置电动自行车充电桩,物业服务企业应加强电动自行车充电设施日常维护及安全管理工作,确保设施设备正常运行。

7.4 房间设施设备的管理

7.4.1 房屋入住、退租时,应对房间设施设备进行查验,发现问题并明确责任主体后应进行维修、更新,确保房间设施设备正常运行。

7.4.2 运营机构应向承租人明确房间设施设备运行维护及房屋使用规定,规定应包括下列主要内容:

　　1 房间空调器、燃气炉具、排油烟机、浴霸、对讲系统以及紧急报警系统等设施设备的使用方法及注意事项。

　　2 房间节能设施设备的使用方法及注意事项,房间外墙内保温材料的保护措施。

　　3 在未征得公共租赁住房所有权人或其委托的运营机构同意的情况下,承租人不得自行对房屋进行装修或改变房屋结构和内部设施，且不得添置对房屋结构有影响的设施设备。

7.4.3 房间设施设备出现故障时，应由运营机构或委托物业服务企业组织专业人员上门维修；需收取费用的，应按约定的责任维修范围向房屋所有权人或承租人收取，并应符合下列规定：

  1 房间设施设备在保修期内出现质量问题时，应由物业服务企业联系保修单位，按现行国家相关标准规定进行维修。

  2 房间设施设备在保修期满以后出现质量问题，可由物业服务企业进行维修，并按约定标准收取费用。

7.5 智能化管理与服务

7.5.1 公共租赁住房小区应配备智能化系统。智能化系统应由小区物业管理中心、小区室外公共场所、住宅楼内公共场所和住宅室内的智能化设施组成，并通过系统软件进行有效管理，实现系统集成应用。

7.5.2 公共租赁住房小区的智能化系统应具备与外网对接的功能，以实现公共租赁住房行政主管部门与运营机构或物业服务企业间的数据共享。

7.5.3 公共租赁住房小区的智能化系统宜包括居住人员管理系统、通信网络系统、公共安全系统、设备管理系统和物业管理系统。

7.5.4 公共租赁住房小区智能化系统应满足现行行业标准《居住区智能化系统配置与技术要求》CJ/T 174 的基本配置要求。

7.5.5 公共租赁住房小区智能化系统应符合现行上海市地方标准《住宅小区智能安全技术防范系统要求》DB31/T 294 的相关规定。

7.5.6 小区物业管理中心的智能化系统功能应符合下列要求：

  1 宜设置由门禁与住户识别、房租缴纳及入住管理组成的居住人员管理系统，且门禁可与房租缴纳、准入、退出等板块绑定。

2 应具有接收并处理住宅房间、住宅楼内公共场所、小区室外公共场所的求助、火灾、电梯故障等报警信号功能。

　3 通过视频安防监控系统可对小区内重要场所、小区出入口等进行监控，可手动或自动切换系统图像，并可对所监控的部位进行长时间录像。当发生紧急状况时，可联动应急广播。

　4 宜建立基于物联网的建筑设施设备智能化管理系统，具有对小区内建筑设施设备监控的功能。

　5 应在小区、楼栋出入口设置智能化应用系统，对门禁和车辆出入管理等采用智能化控制。

　6 宜设置物业管理 App，具备业主入住、维保及日常问询、特约服务、投诉处理等功能板块。

7.5.7 小区室外公共场所的智能化系统设置应符合下列要求：

　1 在小区庭院和主要通道应安装可自动控制的照明装置。

　2 在小区内应安装应急广播装置。

　3 在小区出入口和重要部位应安装视频安防监控摄像机。

　4 在小区主出入口宜设置公共显示屏。

　5 应设置车辆出入及停车场管理装置，小区车辆出入口应采用智能化应用系统进行管理和计费，实现车辆出入及存放时间记录、查询和小区内车辆存放管理等功能。

7.5.8 住宅楼内公共场所的智能化系统设置应符合下列要求：

　1 公共场所入口门应设置门禁系统。

　2 应根据建筑面积及功能需求设置配线箱。

　3 应设置电话、电视和网络插座。

　4 应设置求助报警装置。

7.5.9 住宅室内智能化系统设置应符合下列要求：

　1 入户门应设置门禁系统。

　2 应设置访客对讲系统。

　3 应设置由小区物业管理中心接警的求助报警装置。

　4 应设置电话、电视和网络插座。

5　应设置家居配线箱。
　　6　应设置水、电、气、热智能卡能耗表或远传抄表系统。
　　7　宜安装相应的传感器,通过智能手机等实现建筑的节能、节水或家电的遥控。

7.5.10　智能化系统应定期进行维护保养,并应制定设备及耗损的管理制度,应有完整运行维护记录,确保系统运行有效。

8 退 出

8.1 一般规定

8.1.1 公共租赁住房所有权人或其委托的运营机构应建立室内检查制度,明确住户具有配合入户检查的义务,定期检查承租家庭人员变化、房屋使用、房间设备设施状况等情况。检查记录应归入公共租赁住房信息管理平台。

8.1.2 公共租赁住房所有权人或其委托的运营机构应制定公共租赁住房退出机制。

8.1.3 承租人退出后,房屋及其装修、附属设施设备应恢复至原规格标准,并应能满足正常使用要求;承租人未恢复的,应由运营机构负责组织实施,并按约定的收费标准向承租人收取费用。

8.2 主动退出

8.2.1 因合同到期或合同期内取得房产等,承租人申请退出时,应按下列程序办理退出手续:

　　1 公共租赁住房所有权人或其委托的运营机构出具退出通知单。

　　2 物业服务企业安排相关人员验房,并填写退出验收记录表。

　　3 物业服务企业出具退出确认通知书,并同退出验收记录表一起交给承租人。

　　4 收到承租人递交的退出确认通知书和退出验收记录表后,公共租赁住房所有权人或其委托的运营机构办理租金及保证金的退款手续。

8.2.2 当相关人员验房时，应同承租人就房屋及其设施设备使用状态、费用清缴情况等进行现场交验，并应办理相关物品的移交手续。

8.2.3 当承租人主动申请退出时，应为其安排过渡期，过渡期内租金应按合同约定的租金标准收取。

8.3 被动退出

8.3.1 承租人或居住使用人有下列行为之一的，合同出租方应与其解除合同，并收回房屋：
 1 转借、转租或擅自调换所承租公共租赁住房的。
 2 擅自改变所承租公共租赁住房用途的。
 3 损坏或擅自装修所承租公共租赁住房、拒不恢复原状的。
 4 在公共租赁住房内从事违法活动的。
 5 无正当理由连续6个月以上闲置公共租赁住房的。
 6 以欺骗等不正当手段承租公共租赁住房的。
 7 累计拖欠租金超过合同约定月数的。

8.3.2 承租人或居住使用人有下列情形之一的，租赁合同期满后不再续签租赁合同：
 1 提出续租申请但经审核不符合续租条件的。
 2 租赁期内，通过购买、受赠、继承等方式获得其他住房并不再符合公共租赁住房配租条件的。
 3 租赁期内，承租或承购其他保障性住房的。

8.3.3 承租人或居住使用人在本市市筹、区筹公共租赁住房累计承租或居住满6年后，不再享受公共租赁住房保障。同时，符合下列条件时，宜为其安排过渡期，过渡期内租金应按合同约定的租金标准收取。
 1 在本市不拥有除期房外的产权住房及承租公有住房，且提出申请之日前1年内未发生过产权住房出售、赠与行为及公有住房承租权转让行为。

　　2 享受公共租赁住房保障期间,遵守租赁合同及公共租赁住房管理各项规定,信用记录良好。

8.3.4 承租人或居住使用人被动退出时,可按本标准第8.2.1条的相关规定办理退出手续。

8.3.5 当承租人或居住使用人不腾退公共租赁住房时,公共租赁住房所有权人或其委托的运营机构宜采取下列措施:

　　1 适当范围公告通报拒不退出行为。

　　2 向人民法院提起诉讼。

　　3 纳入公共信用信息服务平台或个人诚信记录。

　　4 规定期限内不能享受住房保障政策。

9 诚信机制

9.1 一般规定

9.1.1 公共租赁住房诚信机制宜包括履约担保制度和不良信用管理制度。

9.1.2 公共租赁住房的申请、审核、退出等环节中应增加信用信息审核程序，强化对公共租赁住房使用的监管。

9.1.3 建立住房保障信用体系，对隐瞒真实信息、提供虚假材料、滞纳或拒绝缴纳租金、蓄意破坏套内及公共设施设备、拒不腾退公共租赁住房等失信行为，应将其作为不良信用信息录入本市住房保障信用信息系统。

9.1.4 公共租赁住房申请人的信用信息应由公共租赁住房行政主管部门在受理、审核、配租、运行管理、退出等环节进行采集，并录入本市住房保障管理信息系统。

9.2 履约担保

9.2.1 公共租赁住房配租环节宜根据承租人的履约能力设置公共租赁住房履约担保制度，提高合同履约率。

9.2.2 根据申请人缴纳住房公积金情况以及其他征信记录情况，可规定其免于履约担保的情形。

9.2.3 公共租赁住房履约担保制度可分为保证金制度和保证人制度。

9.2.4 公共租赁住房所有权人或其委托的运营机构应确定履约担保对象，申请人可根据自身条件选择相应的履约担保方式。

9.2.5 选择保证金制度的承租人,应在签订租赁合同时缴纳公共租赁住房履约保证金,履约保证金宜按约定一次性缴纳。

9.2.6 承租人租赁合同期满或终止,且承租人无违约责任,履约保证金可在承租人腾退房屋后30个工作日内退还。

9.2.7 承租人欠缴租金、水、电、燃气、供热、物业管理等费用,可从承租人缴纳的履约保证金中扣缴。

9.2.8 租用公共租赁住房期间如产生房屋和设施损坏、遗失等情况,应在承租人恢复、修理完并验收合格或支付相应的赔偿金后,再退还履约保证金。

9.2.9 选择保证人制度的承租人,应在签订租赁合同时提供符合条件的保证人。

9.2.10 公共租赁住房保证人应为法律规定的具有代为清偿债务能力的公民或具有独立法人资格的工作单位,法律规定不能做保证人的以及共同申请公共租赁住房成员除外。

9.2.11 一个自然人应只为一个承租人或承租家庭提供担保,公共租赁住房承租人或承租家庭应与保证人共同签订租赁合同。

9.2.12 公共租赁住房保证人数量应与单套房申请人数相对应。

9.3 不良信用管理

9.3.1 公共租赁住房不良信用管理宜包括对公共租赁住房申请对象、享受对象的失信行为和严重失信行为做出认定、监管和惩戒等内容。

9.3.2 公共租赁住房申请对象、享受对象产生不良信用记录时,应将其失信行为作为不良信用信息纳入本市住房保障信用信息系统,供公共租赁住房行政主管部门查询。当再申请或享受住房保障时,宜采取将其作为重点核查或监督检查对象、限制其一定时期内申请住房保障等措施。

9.3.3 公共租赁住房申请对象、享受对象产生严重不良信用记录时,应纳入本市公共信用信息服务平台,按照本市社会信用管理相关规定处理。

10 档案管理

10.1 一般规定

10.1.1 公共租赁住房所有权人或其委托的运营机构应对公共租赁住房运行过程中形成的资料进行收集、整理、归档、保管和利用。运行资料应归入公共租赁住房信息管理平台,实现电子档案管理。

10.1.2 公共租赁住房所有权人或其委托的运营机构应建立租赁档案,完善承租人基本信息管理台账,并进行动态更新。每套及每户应建立一个档案,及时记录房屋及其承租人和居住使用人信息。

10.1.3 公共租赁住房纸质档案应同步建立电子档案,且电子档案与相应纸质档案的内容应保持一致。当公共租赁住房电子档案与相应纸质档案内容不一致时,应以纸质档案为依据进行认定调整;对纸质档案材料存有疑义的,由公共租赁住房行政主管部门组织核查鉴定后进行认定调整。

10.2 归档管理

10.2.1 公共租赁住房承租人和居住使用人档案应一户一档,且应包括下列资料:

  1 公共租赁住房准入申请表、身份证明、户籍证明或居住证材料、住房状况证明、社会保险缴纳证明、劳动或工作合同、统一社会信用代码证书、法定代表人或非法人组织负责人的身份证明、委托书和代理人身份证明等申请材料。

2 审核部门对申请人的基本情况、住房状况审核记录等审核材料。

3 轮候记录、房屋租赁合同等相关材料。

4 承租人基本情况和住房状况等定期或不定期的审核材料,诚信记录及违规行为查处材料等动态管理资料。

10.2.2 公共租赁住房房源档案应一套一档,且应包括下列资料:

1 房屋来源和权属证明材料,房屋地址、所属项目或小区名称、房号、户型、面积等基本情况材料。

2 房屋承租人、租赁期限、租金标准、租金收缴,以及房屋入住、退出交接手续等使用管理情况材料。

3 房屋维修修缮资料、设施设备维修资料等。

10.2.3 公共租赁住房纸质档案的立卷应符合现行行业标准《城建档案业务管理规范》CJJ/T 158 和《归档文件整理规则》DA/T 22 的要求。

10.2.4 公共租赁住房电子文件的整理归档应符合现行国家标准《电子文件归档与电子档案管理规范》GB/T 18894 和现行行业标准《建设电子文件与电子档案管理规范》CJJ/T 117 的要求。

10.2.5 公共租赁住房承租人动态管理材料及房源使用管理情况的动态变更材料应定期归入原档,或根据工作需要单独立卷归档,并应与原档的案卷号建立对应关系,便于检索查阅。

10.2.6 纸质的公共租赁住房承租人档案保管期限,在住房保障期间顺延至终止住房保障后应为长期;纸质的公共租赁住房房源档案保管期限应为永久。电子档案保管期限应为永久。

本标准用词说明

1 为便于执行本标准条文时区别对待,对于要求严格程度不同的用词说明如下:
　　1)表示很严格,非这样做不可的用词:
　　　正面词采用"必须";
　　　反面词采用"严禁"。
　　2)表示严格,在正常情况下均应这样做的用词:
　　　正面词采用"应";
　　　反面词采用"不应"或"不得"。
　　3)表示允许稍有选择,在条件许可时首先应这样做的用词:
　　　正面词采用"宜";
　　　反面词采用"不宜"。
　　4)表示有选择,在一定条件下可以这样做的用词,采用"可"。

2 条文中指明应按其他有关标准执行的写法为"应符合……的规定"或"应按……执行"。

引用标准名录

1 《电子文件归档与电子档案管理规范》GB/T 18894
2 《建设电子文件与电子档案管理规范》CJJ/T 117
3 《城建档案业务管理规范》CJJ/T 158
4 《居住区智能化系统配置与技术要求》CJ/T 174
5 《归档文件整理规则》DA/T 22
6 《绿色建筑运行维护技术规范》JGJ/T 391
7 《住宅小区智能安全技术防范系统要求》DB31/T 294

上海市工程建设规范

公共租赁住房运行管理标准

DG/TJ 08—2368—2022
J 16526—2022

条文说明

2023　上海

目 次

1 总 则 ……………………………………………… 39
2 术 语 ……………………………………………… 40
3 基本规定 …………………………………………… 41
4 申请和审核程序 …………………………………… 42
　4.2 准入条件 ……………………………………… 42
　4.3 申 请 ………………………………………… 42
5 配 租 ……………………………………………… 43
　5.1 一般规定 ……………………………………… 43
　5.2 配租标准 ……………………………………… 43
　5.4 配租方式 ……………………………………… 44
6 合同与租金管理 …………………………………… 46
　6.1 一般规定 ……………………………………… 46
　6.2 合同管理 ……………………………………… 46
　6.4 租金管理 ……………………………………… 47
7 运行与维护 ………………………………………… 48
　7.1 一般规定 ……………………………………… 48
　7.2 运营管理 ……………………………………… 48
　7.3 公用部位和公共设施设备的物业管理 ……… 49
　7.4 房间设施设备的管理 ………………………… 50
　7.5 智能化管理与服务 …………………………… 50
8 退 出 ……………………………………………… 52
　8.2 主动退出 ……………………………………… 52
　8.3 被动退出 ……………………………………… 52
9 诚信机制 …………………………………………… 53

— 35 —

  9.1 一般规定 ………………………………………… 53
  9.2 履约担保 ………………………………………… 53
10 档案管理 ……………………………………………… 54
  10.1 一般规定 ………………………………………… 54
  10.2 归档管理 ………………………………………… 54

Contents

1 General provisions ·· 39
2 Terms ··· 40
3 Basic requirements ··· 41
4 Application and examination procedure ························ 42
   4.2 Entry conditions ·· 42
   4.3 Application ··· 42
5 Rent ··· 43
   5.1 General requirements ·· 43
   5.2 Renting standards ·· 43
   5.4 Renting mode ·· 44
6 Contract and rent management ··································· 46
   6.1 General requirements ·· 46
   6.2 Contract management ··· 46
   6.4 Rent management ·· 47
7 Operation and maintenance ·· 48
   7.1 General requirements ·· 48
   7.2 Operation management ······································· 48
   7.3 Property management of public areas and public
       facilities ··· 49
   7.4 Apartment facilities management ·························· 50
   7.5 Intelligent management and service ······················ 50
8 Exit ·· 52
   8.2 Initiative exit ··· 52
   8.3 Passive exit ·· 52

9   Credit mechanism ········· 53
    9.1   General requirements ········· 53
    9.2   Performance guarantee ········· 53
10 Archives management ········· 54
    10.1   General requirements ········· 54
    10.2   Archives scope ········· 54

1 总　则

1.0.1 本条规定了本标准制定的目的及必要性。

1.0.2 本标准适用的对象包括政府委托建设和管理的公共租赁住房项目、政府收购或代理经租的符合公共租赁住房条件的存量住房项目、企业建设管理但经过政府相关部门认定的公共租赁住房项目以及新建住宅项目中配建的公共租赁住房项目。

这些公共租赁住房项目房源应成规模，且房源面向社会，零星分散的公共租赁住房项目不属于本标准适用的对象。

2 术 语

2.0.6 公用部位包括由承租人共同使用的门厅、楼梯间、水泵间、电表间、电梯间、电梯机房、走廊通道、传达室、内天井、房屋承重结构、室外墙面和屋面等部位。

2.0.7 公共设施设备包括由承租人共同使用的供水管道、排水管道、落水管、照明灯具、水箱、水泵、电梯、邮政信箱、避雷装置、消防器具、智能化系统、道路、绿地、停车场(库)、垃圾箱(房)、设备机房、水景和休闲设施等设施设备。

3 基本规定

3.0.2 公共租赁住房运行管理不仅仅包括申请和审核程序、配租、合同与租金管理、运行与维护、退出、诚信机制、档案管理等，还包含了公共租赁住房运行过程中对承租人的服务及房屋设施设备、绿化环境等的运行维护。

3.0.4 通过健全公共租赁住房信息管理平台、App 移动端应用程序等，实现公共租赁住房运行管理信息化、档案管理动态化等。同时，将信息管理平台与市大数据中心信息平台互联互通，如在上海"随申办"移动端服务系统中增加公共租赁住房准入资格申请、审核等程序，推进公共租赁住房申请受理"一网通办"，不断提升市民申请公共租赁住房的便利性。

4 申请和审核程序

4.2 准入条件

4.2.2 公共租赁住房分类申请主要指对受理范围进行分类，如参与和服务本市科创中心、自贸试验区建设的全市各级机关、中央在沪企事业单位、市属重点企事业单位以及在各区注册、经营的其他重点企事业单位职工，公共服务类重点行业企业一线职工等。该类申请的准入条件一般主要和当地的政策导向、人才引入、产业规划有关，面向特定的申请对象，有针对性地设置准入条件。

公共租赁住房集中申请主要指面向社会大众开放集中申请，然后进行集中分配。

4.3 申 请

4.3.6 公共租赁住房准入资格申请表（单位）中宜包括企业申请书、企业承诺书以及企业所在地政府意见。

4.3.8 本条体现公共租赁住房准入资格申请可在市政府"一网通办"平台办理，准入资格申请材料"两个免于提交"（本市政府部门核发的材料免于提交、有电子证照的免于提交实体证照）的政策导向。

5 配 租

5.1 一般规定

5.1.1 公共租赁住房的配租应设立监督渠道,建立完善的监督机制。配租计划、配租标准、配租方案和配租方式等应通过政府网站、运营机构门户网站或微信公众号等方式向社会公开,并接受社会监督。

5.1.3 集中配租是指在一定时间段内集中对意向登记对象实施配租的活动;常态配租是指在非集中配租时段,因承租人退租等原因出现零星空置房源,对轮候对象实施配租的活动。

5.1.4 为提高公共租赁住房使用效率,减少因配租不及时以及定向配租等控租措施造成的房源闲置情况,公共租赁住房行政主管部门应定期核查公共租赁住房的出租状态,建立动态监管机制,可通过区筹公共租赁住房跨区配租、定向配租房源扩大供应范围等方式,实现配租房源的高效利用。

5.2 配租标准

5.2.2 由于本市各区配租标准存在一定差异性,本标准对单身申请人、家庭申请人的配租标准不作具体要求,但原则上公共租赁住房的户型或建筑面积应依据申请人和共同申请人数量之和进行配租,即家庭成员越多,配租的户型或建筑面积也越大。其中,夫妻一方与异性子女或父母共同租赁的2人家庭可依据3人家庭标准配租。

为提高公共租赁住房的利用率,提升供给效率,单身申请人可申请合租。但为了避免群租现象的发生,申请合租的单身申请人宜按一居室1人的标准配租,即2人可合租1套二居室住房,3人可合租1套三居室住房,依此类推。

5.2.3 根据《关于进一步加大公共服务类重点行业企业一线职工公租房保障力度试点工作的通知》(沪房保障〔2020〕67号),单位申请人申请的成套房屋提供给职工合租时,人均使用面积和居住人数按国家和本市相关规定执行。其中,按宿舍标准新建、改建的,人均使用面积不低于4 m^2;成套住房拆套使用的,人均使用面积不低于5 m^2,且每个房间居住人数不超过2人(有法定赡养、抚养、扶养义务关系的除外)。

5.4 配租方式

5.4.1 根据本市公共租赁住房相关政策文件,目前本市公共租赁住房配租方式包括两种,即面向申请人的公开配租以及面向单位的定向配租。同时,配租宜向公益性单位和公共服务行业倾斜,体现公共租赁住房精准保障、鼓励单位包租的导向。

5.4.3 本市各区可根据公共租赁住房房源和轮候对象数量选择合理的公共租赁住房配租方式,如随机摇号、按轮候顺序、综合评分等,但无论采取何种方式,必须遵循公开、公平、公正的原则。

其中,随机摇号可先摇出意向登记对象的选房顺序号,再根据顺序号选房;也可结合配租住房套型和意向登记对象的情况直接摇出意向登记对象的房号。按轮候顺序则是依据轮候对象的排序依次确定选房顺序,按配租标准依次选房。综合评分指依据系统性的评分规则,根据意向登记对象的具体条件评分,根据评分从高到低进行排序,以获得公共租赁住房的选房资格和顺序。

集中配租时可采用随机摇号的方式,后期常态配租时可采用按轮候顺序的方式。

5.4.4 公共租赁住房配租选房前,公共租赁住房所有权人或其委托的运营机构应在现场或网上向意向登记对象开放房源,或公布配租房源户型图等信息,便于意向登记对象了解房源信息。

5.4.8 配租选房过程中,意向登记对象排序到位选房但未选定住房,或虽选定住房但未在规定的时间内签订租赁合同的,按自动放弃本次配租资格处理,由选房名单内排位在后的其他意向登记对象依次递补。

6 合同与租金管理

6.1 一般规定

6.1.2 公共租赁住房租赁规约中应明确公共租赁住房的管理要求、承租人的权利义务等事项,作为租赁合同未尽事项的补充。

6.2 合同管理

6.2.2 公共租赁住房所有权人或其委托的运营机构应按照合同包含的内容,制定相应的合同模板。本条第1款身份证件号码包括身份证号码、港澳台居住证号码和绿卡号码等;本条第4款房屋使用要求中包括对租户装修部分的约定,遵循"来修去丢"的原则。

6.2.3 根据《上海市发展公共租赁住房的实施意见》(沪房规范〔2021〕5号),公共租赁住房租赁合同期限一般为2年,合同到期后承租人、居住使用人仍需继续享受保障的,应重新进行资格审核,符合条件的可续租。每户公共租赁住房保障对象(包括单身和家庭)享受公共租赁住房保障的总年限累计不超过6年。

根据《关于公共租赁住房租赁总年限期满退出相关政策口径的通知》(沪房保障〔2018〕45号),公共租赁住房保障对象在本市市筹、区筹公共租赁住房累计承租或居住满6年后,不再享受公共租赁住房保障,各区住房保障机构不再受理其公共租赁住房准入资格申请。申请人(本人、配偶及未婚子女)在本市不拥有产权住房(期房除外)及承租公有住房,且提出申请之日前1年内未发生过产权住房出售、赠与行为及公有住房承租权转让行为,同时在享受公共租赁住房保障期间遵守租赁合同及公共租赁住房管理各项规定，信用记录良好的，可申请按市场化租金在公共租赁住房内过渡居住。

6.2.4 公共租赁住房合同期满后可以申请续租，但需提前提出申请，具体时限根据本市公共租赁住房管理要求执行。

6.2.6 因就业、子女就学等原因，可在租赁期内调换公共租赁住房房源。调换前，承租人应向公共租赁住房所有权人或其委托的运营机构提出申请，经审核同意后方可调换。

6.4 租金管理

6.4.1 公共租赁住房租金标准的制定可结合市场租金水平、建造或运营维护成本等因素综合考虑。

6.4.2 公共租赁住房合同期内租金标准调整，可选择以下两种处理方式：一是合同期内租赁价格可不作调整。新签订租赁合同或合同到期后重新签订的，按最近一次向社会公布的租金价格执行。二是根据调整后的租金标准调整租赁价格，并及时向承租人发出调价通知，承租人按调整后的租金标准缴纳租金。

6.4.3 公共租赁住房租金缴纳可采用银行代扣、手机应用程序移动支付等便利化方式。

6.4.5 本条给出了对于承租人逾期未缴纳租金可采取的几项措施。公共租赁住房所有权人或其委托的运营机构可根据逾期时间和违约程度选择相应的追缴措施，如可通过司法途径划扣承租人住房公积金、银行存款、租房保证金等，或将逾期未缴纳租金的承租人载入单位或个人诚信记录等。

7 运行与维护

7.1 一般规定

7.1.4 物业服务企业应在物业管理工作开始前,通过公共租赁住房所有权人或其委托的运营机构获取建筑物及其附属设施设备等相关技术材料。根据《物业承接查验办法》(建房〔2010〕165号)对公共租赁住房的公用部位和公共设施设备进行承接查验。

物业服务企业的承接查验是物业管理的基础工作和前提条件,也是物业管理工作真正开始的首要环节。物业承接查验可确保物业管理的安全性和有效性,承接查验的内容不仅限于主体建筑结构,还应包括附属设备、配套设施、道路、场地、环境绿化等综合功能。

7.1.6 物业管理的对象为建筑设施设备,而运行、维护的执行者为物业管理人员,人员的合理配置和管理决定了物业管理的水平。因此,明确物业管理责任制度,可为建筑整体运行水平提供人力资源上的保障。

7.1.11 成套公共租赁住房根据需要拆套合租或作为宿舍使用时,应对公共设施设备及房间设施设备根据入住人数进行"微更新",如增加室外电动自行车充电桩,对房间晾衣架、台盆进行改造等。

7.2 运营管理

7.2.3 针对签署自动扣款协议的情况,公共租赁住房信息管理平台需要纳入租金划扣银行账号。

7.2.4 运营机构可根据实际情况,设立多种违规、违约举报渠道,除了传统的信箱和电话外,还可包括电子邮件、微信平台、网站等互联网渠道。

7.2.6 根据住户需求,可以制定家电租赁服务制度,提供家电租赁服务;建立社区资源回收中心,定期组织旧物交换或交易市场;建立社区食堂;设置智能快件箱;提供洗衣服务。另外,还可以结合电商、现代物流服务业的发展趋势,建立社区配送中心。

7.2.9 新建、收购并重新装修的公共租赁住房项目交付使用时,室内空气质量应符合现行相关标准的要求。

7.3 公用部位和公共设施设备的物业管理

7.3.3 通过检查及时发现屋面防水层破损、外墙饰面空鼓或脱落、空调架松动等问题,可避免对住户日常生活造成影响,以及防止高空坠物伤人。

7.3.5 针对不同的设施设备,制定针对性较强的节能操作规程,可在保证其安全运行、满足使用功能的情况下减少运行能耗。对于设施设备的使用情况,除了日常的安全操作和维护外,还应加强对设备状态的监测和诊断处理。日常操作可以保证设施设备当时的状态良好,而通过对其性能进行长期监测则可以从动态数据中发掘潜在的风险,通过对故障的预判和处理可以降低日常操作中不易发现的问题,提高设备运行寿命。

7.3.6 公共租赁住房中的智能化系统、雨水回收利用、太阳能热水器等设施设备的运行、维护人员,应具有专业知识与实际的操作能力。因此,需要对运行管理人员定期开展业务培训工作,提高其专业技术能力和实际应对能力。

7.3.12 建筑运行过程中产生的垃圾量大且种类繁多,如果不能合理、及时地处理,将对小区环境产生极大的影响。因此,垃圾收集、运输等整体系统应进行合理规划，垃圾容器应具有密闭性能，其规格应符合地方有关标准。物业服务企业应按照《上海市生活垃圾管理条例》的要求，制定涵盖垃圾分类管理运行操作手册、管理设施、管理经费、人员配备及机构分工、监督机制、定期的岗位业务培训和突发事件的应急反应处理系统等的垃圾管理制度。

7.4 房间设施设备的管理

7.4.1 房屋入住、退租时，应安排相关人员对房间设施设备进行查验。当有问题时，应在明确责任主体后进行维修、更新，以保证房间设施设备处于正常运行的状态，并记录查验、维修情况。当房屋退租，经查验房间设施设备出现问题时，应按合同约定进行处理。

7.4.3 本条所提的房间设施设备指的是公共租赁住房出租时所配备的设施设备，不包括承租人自行添置的设施设备。

7.5 智能化管理与服务

7.5.2 公共租赁住房的运行管理主体涉及公共租赁住房行政主管部门、公共租赁住房运营机构、物业服务企业等多个方面。为整合各方协同管理功能，在一个平台上实现住户管理、房源管理、物业服务和社区服务，提倡将公共租赁住房小区智能化系统与外网对接。

7.5.6 为督促住户按时缴纳房租，减少房租拖欠的发生率，可将房租缴纳记录关联至门禁卡，当欠缴房租达到一定时间时，门禁卡失效，拒绝其进入。另外，可将门禁卡使用期限与公共租赁住房租赁期同步，租赁期结束或租赁关系解除时，使用期终止。

应用物联网技术建立的建筑设施设备智能化管理系统，可以克服传统建筑设施设备智能化管理过程中人工手动控制的许多缺点。基于物联网的建筑设施设备智能化管理系统,通过将射频识别电子标签嵌入建筑物的钢筋混凝土、门窗结构、管线、给排水设备、暖通空调设备、消防设备、安防设备、照明及供配电设备以及电梯等各种物体中,构建物联网,进行人类社会与建筑物的整合,实现对建筑物内的材料和设备的智能控制。

出入口管理系统又称门禁管理系统,其基于计算机技术,在小区、楼栋出入口设置智能化应用系统,实现对人员进出授权、记录、查询、统计和防盗、报警等多种功能,既方便人员按权限自由出入,又杜绝外来人员随意进出,提高安全防范能力。

通过物业管理 App 客户端可实现资源整合,便于业主及时了解小区的各项动态,发出服务需求,提高物业服务企业的服务和管理效率。

8 退 出

8.2 主动退出

8.2.1 未收取保证金的,不需要办理保证金退款手续。

8.2.2 为确保承租人按照原状返还房屋及其附属物品、家具家电、设备设施并腾退,应安排相关人员同承租人就房屋和附属物品、家具家电、设备设施及水、电、燃气、供热使用等情况进行现场交验。另外,承租人应向相关人员现场移交房门钥匙等相关物品。

8.3 被动退出

8.3.2 本条第2款提到的其他住房指非保障性住房。

8.3.5 过渡期满不腾退公共租赁住房,并且承租人确无其他住房的,应按照市场价格缴纳租金。其他情况下不腾退公共租赁住房的,可采取本条所列措施。

9 诚信机制

9.1 一般规定

9.1.2 上海市住房和城乡建设管理委员会2016年12月发布了《加强本市住房保障信用体系建设实施意见（试行）》（沪建保障〔2016〕1214号），明确提出要逐步建立健全以住房保障申请和享受对象为重点，覆盖住房保障申请和审核、分配供应、供后使用及退出管理全过程的住房保障信用体系。

9.2 履约担保

9.2.5 公共租赁住房履约保证金一般不低于3个月的租金金额。

9.2.12 根据公共租赁住房承租人或承租家庭人员数量确定保证人数量，在一定程度上扩大了承租家庭选择余地，确保保证人担保能力与承租家庭月租金相匹配。

10 档案管理

10.1 一般规定

10.1.2 公共租赁住房登记完成后,资料会有变化,主要表现为承租人或承租家庭住房状况、人口等基本情况的变化。基于公共租赁住房档案具有动态性的特点,为加强监督管理,住房保障机构需定期对住户情况进行复查,并更新档案。

公共租赁住房承租人档案按照"一户一档"的原则进行归档。公共租赁住房房源档案按照"一套一档"的原则,以房屋为基本单位建立档案,每套房屋做到"一套一档",曾经住过本套房屋的所有使用人信息都存入同一档案,对使用人从进到出的所有租赁行为都做到有档可查。

10.2 归档管理

10.2.1 公共租赁住房承租人和居住使用人档案包括申请和审核、配租、合同与租金管理、运行与维护、退出、诚信管理和档案管理等日常管理过程中形成的材料。其中,诚信记录及违规行为包括转租、转借、闲置、改变房屋用途、结构和装修现状、损坏房屋设施设备,以及拖欠租金等行为。